UNION DE TOUS.

ORDRE — ORGANISATION — LIBERTÉ.

APPEL

A LA CLASSE MOYENNE.

PARIS.—IMPRIMERIE DE E. MARC-AUREL, RUE RICHER, 12.

UNION DE TOUS.

ORDRE — ORGANISATION — LIBERTÉ.

APPEL

À LA CLASSE MOYENNE,

PAR

Théophile CRÉPON, avocat.

PARIS

AMYOT, RUE DE LA PAIX.

1848

Une seule idée semble, à l'heure qu'il est, préoccuper toutes les intelligences, absorber toutes les spéculations des penseurs, un seul mot traduit toutes les réflexions, toutes les investigations; le peuple, c'est-à-dire cette réunion d'hommes qui vivent du travail de leurs bras, qui gagnent aujourd'hui la nourriture de demain, qui depuis si longtemps ont été écartés de la participation à la vie politique, mais qui réclament enfin la jouissance de leurs droits méconnus.

Le peuple a beaucoup souffert; on lui doit beaucoup.

Le peuple a reçu bien des promesses que la mauvaise foi a toujours indignement violées. C'est l'heure non plus seulement de promettre, mais de tenir.

La révolution de 1848 s'est faite par le peuple ; ce qui doit la distinguer des autres, c'est qu'elle doit aussi se faire pour le peuple.

C'est donc bien de penser au peuple ; mais c'est mal de ne penser qu'à lui.

La véritable démocratie veut des idées plus larges, moins exclusives.

La véritable démocratie, ce n'est pas seulement le gouvernement du peuple, en prenant ce mot dans le sens restreint qu'on y attache trop souvent aujourd'hui, c'est le gouvernement de tous par tous et pour tous sans restriction, sans limitation de quelque nature qu'elle soit, c'est par conséquent le respect et la sauvegarde de tous les intérêts comme de tous les droits.

Donc, c'est fausser les principes de la démocratie que de se préoccuper d'une seule classe à l'exclusion des autres.

Que demandent tous les défenseurs des institutions nouvelles, que veulent tous les organes de l'ordre social nouveau? Ceci : consolider la révolution, établir sur des fondements inébranlables le gouvernement républicain, rendre la monarchie à jamais impossible en France. Quelles doctrines professent-ils pour atteindre ce but; celles-ci : « Nous sommes sé-

« rieusement menacés dans notre prérogative de
« citoyens actifs et d'hommes libres, nous suc-
« comberons même sous la loi de notre gouver-
« nement si l'on n'exerce pas une surveillance
« jalouse, un contrôle inquiet, *car les départe-*
« *ments, en général, sont livrés aux influences*
« *du capital, de la fonction et de la propriété,*
« dans les campagnes les travailleurs sont en vas-
« salité permanente et dans les villes les salariés
« sont toujours entre le rabais et la grève.... il
« faut donc des mesures énergiques..... il faut
« que l'élection soit partout démocratique et *ré-*
« *volutionnaire* (la Réforme, 10 mars). En d'autres termes : le capital, la fonction, la propriété
sont frappés de suspicion; or, qu'est-ce, je vous
prie, que le capital, la fonction, la propriété,
sinon l'intelligence? donc défiez-vous des gens
intelligents, mettez votre espoir et votre confiance dans ceux dont la raison n'a pu se dé-
velopper et s'agrandir au contact des idées
politiques; faites agir les masses, mais en sé-
parant toutefois ceux qui auront eu le malheur
de se créer un capital, de pouvoir exercer une
fonction ou de conquérir une propriété.

Si l'on espère ainsi consolider la révolution,
assurer à jamais le triomphe des principes dé-

mocratiques, nous croyons qu'on se trompe, et nous appelons cela désorganiser.

Nous voulons comprendre les choses d'une manière plus large et plus élevée.

Notre but, ce n'est pas d'établir un antagonisme entre ceux qui possèdent et ceux qui ne possèdent pas, de dire à la classe propriétaire, à la classe bourgeoise, en un mot : La révolution est faite contre vous, vous en serez la victime, de produire ainsi un véritable schisme, une véritable lutte, de transformer la démocratie en un système étroit et exclusif; notre but, au contraire, c'est de crier à tous : Union, union d'idées et d'efforts; de dire aux capitalistes et aux propriétaires : Ayez confiance dans les travailleurs; de dire aux travailleurs : Ayez confiance dans les propriétaires et les capitalistes.

En ce moment donc où tout le monde s'adresse au peuple, nous voulons nous, nous adresser à la bourgeoisie; mais que l'on comprenne bien notre pensée.

Dans notre conviction, ces distinctions de classes ne sont que la conséquence et le reste d'un système politique à jamais condamné; elles disparaissent nécessairement sous l'influence des principes démocratiques. Comme on l'a dit : par la disparition des priviléges, le prolétariat cesse, tout le monde devient bourgeois. Mais, pour que cette transformation se réalise, il faut l'action du temps et des institutions, et il est par trop évident qu'aujourd'hui, au lendemain de notre révolution, le peuple et la bourgeoisie n'ont pu encore se fondre l'un dans l'autre, et qu'ils restent en fait comme deux classes distinctes et séparées.

Or, la bourgeoisie a de maladroits amis, et surtout de perfides ennemis qui voudraient lui persuader que ses intérêts sont différents de ceux du peuple, que si, par conséquent, le peuple a triomphé dans les journées de février, c'est qu'elle a été vaincue, que dans ce moment de crise, elle doit lutter d'une manière désespérée contre les exigences populaires.

Eh bien! tout homme sincèrement dévoué à son pays, lui doit de combattre d'aussi funestes doctrines, de dire : que si d'un côté la révolution s'est faite par le peuple, elle s'est faite aussi avec l'aide et le concours de la bourgeoisie; que, d'un autre côté, quelqu'en aient été les auteurs, elle a triomphé au nom du principe de fraternité : or, la fraternité ce n'est pas seulement l'union entre certains membres d'une nation, c'est l'union entre tous les citoyens, parce qu'ils ont les mêmes droits et les mêmes devoirs.

Ce sont ces principes que nous voulons établir en faisant appel au patriotisme de la classe moyenne, en lui montrant quelle est sa situation, dans les circonstances présentes, et quelle ligne de conduite elle doit tenir.

La République est proclamée. — Il faut l'admettre. — Pourquoi ?

1° Parce que la forme républicaine est en soi et par elle-même la meilleure forme de gouvernement, la seule rationnelle, celle qui, en dernière analyse, se prête le mieux à la sauve-garde de tous les intérêts et de tous les droits.

Bien des gens en France depuis longtemps déjà étaient républicains sans le savoir. Le gouvernement républicain, c'est le gouvernement de la nation par elle-même, c'est l'application la plus large et la plus vraie du principe de la souveraineté nationale, principe que le bon sens public a mis trop à l'abri de toute contestation pour qu'il entre un seul instant dans notre pensée de le justifier.

Or, que voulaient tous ces hommes si chauds

partisans des idées de réforme : réforme électorale, réforme parlementaire? Ce qu'ils voulaient? Pas autre chose assurément que le triomphe du principe de la souveraineté nationale.

Le nombre des électeurs était si restreint qu'il constituait une véritable caste de privilégiés parfaitement incapables de représenter dans sa sincérité et sa vérité l'esprit et les vœux du pays; ils voulaient donc l'élargir, agrandir considérablement le cercle pour arriver à une représentation qui ne fût pas un mensonge.

Le député, par la possibilité d'accomplir en même temps le mandat de ses électeurs et le mandat du pouvoir, perdait son indépendance, et faisait taire trop souvent sa conscience pour soutenir ceux dont il espérait places et fortune; ils voulaient donc que l'incompatibilité fût proclamée entre les fonctions législatives et les fonctions publiques?

Or, qu'on y songe bien, quiconque veut l'application vraie du principe de la souveraineté nationale veut le gouvernement républicain; celui-là est conduit irrésistiblement, fatalement, malgré lui à la forme démocratique, qui n'est après tout que ce principe lui-même mis en action.

On a pu se faire illusion sur la théorie du gouvernement constitutionnel; séduits, trompés par cette alliance plus apparente que réelle de la démocratie et de la monarchie, on a pu voir dans ce juste-milieu le dernier mot des constitutions politiques; mais l'expérience de chaque jour, pour qui réfléchit et observe, a dû saper et anéantir cette croyance.

Que peut être la royauté, je vous le demande, vis-à-vis du principe de la souveraineté nationale? Qui dit souveraineté, dit un pouvoir au-dessus duquel il n'y a rien; or, de deux choses l'une : ou le roi, dans un gouvernement constitutionnel, contrarie cette souveraineté, en gêne l'action, et alors le grand principe sur lequel reposent les sociétés est méconnu et foulé aux pieds; ou le roi n'empêche en rien l'expression de la volonté nationale, il ne fait en quelque sorte que l'enregistrer, et alors il est dans la machine politique un rouage inutile et beaucoup trop dispendieux à conserver. Malheureusement l'expérience a prouvé que les rois si constitutionnels qu'ils parussent n'étaient pas disposés à se contenter de ce dernier rôle, de cette opulente oisiveté, et que pour échapper à leur arbitraire il fallait recourir à la lutte et aux révolutions.

Pourquoi donc ces hommes républicains par le fond même de leurs idées, n'en déduisaient-ils pas toutes les conséquences, et s'arrêtaient-ils précisément devant cette dernière barrière qu'il eût fallu franchir, pour que l'expression de ces idées se trouvât entière et complète?

Pourquoi? Parce qu'ils se laissaient effrayer par un mot. Si la république en effet a pour nous un passé glorieux, il faut avouer aussi qu'elle a un passé funèbre, un passé de désordre, de trouble, d'anarchie, de réactions sanglantes; or, pour beaucoup de gens ramener la république, c'est vouloir faire renaître ces mauvais temps de notre histoire. Étrange aveuglement, pitoyable pusillanimité qui tourmente leur imagination de fantômes et d'appréhensions chimériques, et les empêche de reconnaître l'abîme qui sépare la république de 1793 d'avec la république de 1848. Comme si, il y a soixante ans, nos pères n'avaient pas eu une société à reconstruire de fond en comble, des principes nouveaux à substituer à de vieux mais puissants préjugés, une lutte terrible à soutenir au nom de la démocratie contre toutes les monarchies européennes; comme si, pour nous, au contraire, notre société ne reposait pas déjà sur ses véritables bases, et n'avait pas besoin pour devenir une société démocratique, que de les élargir et de les étendre; comme si notre république ne devait pas être nécessairement la république de la paix, c'est-à-dire le triomphe régulier et pacifique des grandes et sublimes idées de liberté, d'égalité, de fraternité.

Je m'adresse à des hommes qui veulent l'ordre et la tranquillité, qui en ont un impérieux besoin, et je leur dis : cet ordre, cette tranquillité vous ne les aurez bien définitivement que lorsque la société sera irrévocablement assise sur ses véritables bases. Les révolutions ne se produisent pas sans motifs ni sans causes. Des milliers d'hommes ne se réunissent pas un beau jour sur la place publique pour le plaisir d'aller se faire tuer. Ce qui fait les révolutions, ce sont les droits méconnus.

Ce sont les droits méconnus qui ont tué la république de 1793. Les républicains de 1793 voulurent établir la liberté et l'égalité par la violence et la contrainte, c'est-à-dire qu'ils en faussèrent complétement la notion et qu'ils n'aboutirent qu'à un despotisme barbare. La France alors s'estima heureuse, pour sortir de l'anarchie dans laquelle on l'avait plongée, de se courber sous la main de fer d'un soldat.

Ce sont les droits méconnus qui ont brisé l'empire bien plus que les nations coalisées contre lui. Si la France avait voulu accepter un maître, c'était uniquement pour la sortir de la plus effroyable désorganisation ; une fois l'ordre rétabli, la nation revendiqua ses droits, et comme ils lui furent maladroitement déniés, elle laissa tomber celui qu'elle avait pour un instant élevé si haut.

Ce sont les droits méconnus qui ont chassé la restauration. Après avoir, pendant quinze ans, marchandé au pays un peu de liberté, elle se mit un jour en tête de supprimer celle de ses franchises à laquelle il tenait le plus, c'est-à-dire cette faculté de communiquer à tous sa pensée, de juger les actes du gouvernement pour y attacher le blâme ou l'éloge, la liberté de la presse, en un mot. Ce jour là le peuple de Paris se leva en masse, et la vieille royauté fut obligée de s'enfuir devant lui.

Ce sont enfin les droits méconnus qui viennent de renverser la dynastie de juillet 1830. Celle-là cependant était une dynastie populaire, celle-là avait été placée sur le trône par les mains du peuple ; mais elle oublia vite son origine pour essayer de reconstruire à son profit ce vieil édifice sur les débris duquel elle s'était élevée. Vainement on lui demanda de se montrer une monarchie vraiment démocratique, de s'appuyer avec confiance sur la force même à laquelle elle devait le jour, la dynastie de juillet persista, malgré toutes les protestations, à maintenir les droits politiques dans une caste étroite de privilégiés. Dans son aveuglement, elle alla jusqu'à refuser aux citoyens un droit qui n'a pas besoin d'être sanctionné par les constitutions par ce qu'il est écrit dans la nature elle-même : le droit de se réunir pour causer des affaires publiques ; ce jour-là encore le peuple de Paris se trouva debout, et quelques heures après la dynastie de 1830 s'en allait honteusement rejoindre son aînée.

Eh bien, je le répète, ce qui a rendu tous ces changements, toutes ces révolutions possibles, c'est que la nation ne se gouvernait pas elle-même, c'est qu'il a pu se trouver un pouvoir qui lui refusât le libre et légitime exercice de ses droits ; or, la république que nous venons de proclamer, c'est le gouvernement de tous par tous, c'est donc la représentation de tous les intérêts, et j'avais ainsi raison de dire que ce devait être l'établissement en France de l'ordre définitif.

Hommes d'ordre, hommes de régularité, soyez donc franchement républicains au nom de l'ordre lui-même.

2° Il faut admettre la république, parce que c'est un fait accompli.

Ne fût-on pas convaincu, comme je le suis profondément pour ma part, que le gouvernement républicain présentât la meilleure forme de constitution et la plus sûre, on devrait encore s'y rallier et le soutenir.

On ne change pas de gouvernement tous les jours, et la stabilité des institutions est une des plus sûres garanties de l'ordre. S'il est vrai de dire qu'une nation qui sait lutter pour son indépendance et sa liberté est une grande nation, il est vrai de dire aussi qu'un peuple qui change trop souvent de constitution court risque d'user son énergie et surtout ses croyances politiques. Depuis soixante ans nous avons élevé et renversé bien des gouvernements; je veux croire que ce n'était qu'une marche progressive pour arriver où nous sommes aujourd'hui, mais toujours est-il qu'il est temps de nous arrêter, sans quoi nous verrions le scepticisme politique envahir plus d'une intelligence; et le scepticisme politique est la chose la plus désolante et la plus déplorable.

D'ailleurs, que se passe-t-il autour de nous? La république est proclamée à Paris par le peuple victorieux; on peut craindre que la province, en général moins éclairée, et surtout éloignée de cet ardent foyer d'enthousiasme et d'énergie démocratiques que renferme la capitale, ne veuille pas admettre cette forme de gouvernement. Eh bien! loin qu'il en soit ainsi, non-seulement la république est reconnue par les provinces, mais pas une opposition sérieuse ne se manifeste; au lendemain du combat, pas un parti ne se montre; les adhésions des hommes qui s'étaient dit les plus énergiques partisans de la royauté déchue, arrivent de tous côtés; c'est à qui viendra le premier déposer son offrande de dévoûment et de patriotisme. A l'extérieur, les puissances, dont nous pouvions prévoir le mécontentement et le mauvais vouloir, déclarent: les unes qu'elles désirent continuer avec nous des rapports de bon voisinage et de cordiale entente; les autres qu'elles ne veulent point intervenir dans nos débats intérieurs, et que la guerre ne pourrait avoir lieu qu'autant que l'aggression serait le fait de la France.

En présence d'un pareil concours de circonstances, ne serait-il pas déraisonnable, disons mieux, criminel de ne pas travailler à la consolidation d'un gouvernement qui a su, dans quelques jours, réunir toutes ces garanties d'une existence forte et durable?

Que l'on réfléchisse bien où mènerait une autre conduite : A la guerre civile. Ceux qui croient à la supériorité de la forme républicaine (et ils sont nombreux), ceux qui se sont battus pour son triomphe, ne se laisseront pas arracher le fruit de la victoire, et s'ils ont su conquérir la république, ils sauront aussi la défendre.

Donc, à ce point de vue encore, au nom de la stabilité des institutions, la classe moyenne doit son concours à la république.

3° Il faut enfin admettre la république, parce qu'en dehors de la république, il n'y a que la monarchie, et que la monarchie est aujourd'hui matériellement impossible en France.

Pour que le principe monarchique triomphe, il lui faut des représentants; or, à l'heure qu'il est, ces représentants du principe monarchique n'existent pas pour deux raisons : la première, c'est que les rois ne s'improvisent pas ; la seconde, c'est que les gens qui se sont fait jeter à bas du trône, n'y doivent et n'y peuvent plus remonter.

Eh bien! si toutes ces déductions sont vraies, n'est-on pas en droit de dire à la classe moyenne : Non-seulement ne faites pas d'opposition à la république, mais prêtez-lui un concours sincère et dévoué ; gardez-vous bien de rester vis-à-vis d'elle dans un état de défiance et d'inaction, mais apportez à sa consolidation tout ce que vous pouvez avoir de force et de crédit.

Dans les circonstances difficiles, au milieu desquelles nous nous trouvons jetés, le devoir d'un bon citoyen ne peut pas consister seulement à se croiser les bras pour voir venir les événements ; l'opposition d'inertie est plus terrible qu'on ne le croit, plus vite que tout autre peut-être, elle conduit à la désorganisation.

Où est le grand et le véritable danger de la situation ? Dans la stagnation des affaires, dans la peur qui a gagné le commerce, dans la panique qui s'est emparée des spéculateurs, dans la menace de déconfitures et de faillites.

Où est le remède ? Dans le bon sens et le patriotisme de la classe moyenne.

Au lieu de serrer ses capitaux, qu'elle les remette en circulation, au lieu de restreindre la fabrication de ses produits et de diminuer ainsi les sources du travail, qu'elle les étende ;

qu'en un mot, cette crainte et cette anxiété qui ont envahi la classe bourgeoise fassent place à la confiance et à la sécurité, qu'elle croie fermement à cette idée : que le gouvernement républicain accordera au commerce la protection la plus vigilante et la plus éclairée, que des débouchés nouveaux viendront nécessairement donner un nouvel élan à la fabrication, de nouvelles ressources aux travailleurs, et moyennant cela, les choses s'organiseront d'elles-mêmes, la transition du gouvernement monarchique au gouvernement républicain se fera sans commotion et sans trouble, et pour tout dire la France sera sauvée.

J'ai démontré, je crois, de la manière la plus évidente que la classe moyenne devait travailler avec activité à l'établissement du gouvernement républicain; mais à quelles conditions doit-elle le faire? quelles garanties est-elle en droit d'exiger?

La classe moyenne peut se caractériser par deux mots: Elle est propriétaire, elle est commerçante. Or, comme propriétaire, elle veut et doit vouloir le respect et la garantie de la propriété; comme commerçante, elle veut les conditions sans lesquelles l'industrie et le com-

merce ne peuvent pas prospérer; c'est-à-dire
la tranquillité, la sécurité, la paix, toutes choses
qui se résument en un seul mot : l'ordre.

La classe moyenne doit donc demander, en
retour de sa coopération et de son appui, le
maintien de l'ordre.

La république ne peut subsister et grandir
qu'à ce prix.

Tout se tient dans un pays et dans une nation. Aujourd'hui même il n'y a pas de classes
tellement distinctes, tellement séparées les unes
des autres qu'elles puissent rester sans rapports et sans lien, bien loin de là : ce qu'on
est convenu d'appeler la classe moyenne n'est
rien sans la classe populaire, de même que la
classe populaire sans la classe moyenne est
impuissante.

La classe populaire, c'est, je le répète, la
classe des travailleurs; la classe moyenne,
c'est la classe des industriels, des commerçants, de ceux qui prennent les produits des
travailleurs et les mettent en circulation. Or,
sans commerçants, sans vendeurs, point de
produits à fabriquer, sans produits à fabriquer,
point de travail ; et quand la suprême préoccu-
pation, quand la question vitale est l'organisa-

tion du travail, quand il faut avant tout donner de l'occupation aux bras qui en manquent, il serait pas trop imprudent d'aller tarir les sources du travail en méconnaissant les droits et les intérêts de cette classe moyenne sans laquelle rien, dans une société, ne peut être fondé sur des bases solides et durables.

Disons-le en passant ; cette union nécessaire, forcée des différents intérêts dans une nation, est une preuve, pour qui veut réfléchir, qu'au point de vue des droits politiques une classe ne peut pas triompher à l'exclusion d'une autre, et que partout où ce fait se présente, la constitution repose sur des bases essentiellement anormales.

Mais pour maintenir l'ordre, pour éviter toute perturbation, que faut-il ?

Il faut ne pas promettre plus qu'on ne peut tenir, entreprendre immédiatement les réformes qu'exige l'opinion publique, mais celles-là seulement ; ne pas essayer de reconstruire tout d'un coup la société sur un nouveau modèle. Si la majorité des esprits étaient républicains en France, les mœurs ne sont pas républicaines. N'oublions pas que pour la plupart nous n'avons vécu que sous un gouvernement monarchique ; que nos habitudes se sont façonnées et formées sur ces institutions, que nous ne comprenons guère aujourd'hui le désintéressement austère, l'abnégation de la véritable vertu démocratique, et qu'après tout, nous sommes bien loin encore d'être des Cincinnatus et des Caton. Eh bien, ce serait une grave erreur, et une erreur désorganisatrice, de vouloir transformer ces mœurs subitement et comme par un coup de baguette : il est dans la destinée humaine de ne pas arriver d'un seul bond à l'expression complète du vrai et du bien, mais de n'y parvenir, au contraire, qu'en passant par une succession d'améliorations et de progrès ; par conséquent, ceux qui sont appelés à la guider dans ce travail doivent-ils s'écarter en tout et toujours de ces mesures violentes qui ont pour résultat inévitable de produire une commotion, une désorganisation d'abord, et une réaction ensuite.

Mais qu'on en soit bien convaincu : c'est à la classe moyenne à faire triompher, à imposer ces principes. Son rôle est plus grand que jamais si elle sait le jouer.

Le danger pour la classe moyenne est de s'abandonner elle-même ; c'est de se laisser envahir par cette idée, que toute influence lui est désormais impossible, et qu'elle doit céder entièrement la place aux masses populaires.

Profonde et fatale erreur! Jamais son action n'aura été plus grande, plus vraie, parce que jamais elle n'aura été plus légitime.

Il ne faut pas s'y tromper, la classe moyenne était loin d'être représentée par ces deux cent mille censitaires qui formaient, il y a quelques jours encore, la base de notre système politique. Ce qui était représenté, c'était l'aristocratie bourgeoise ; en dehors restait le peuple de la bourgeoisie, immensément nombreux, propriétaire et commerçant aussi, mais dans des limites plus étroites, appartenant véritablement à la classe moyenne, et en formant même comme le centre et le foyer, puisqu'il avait les mêmes intérêts et les mêmes besoins. Eh bien, par l'extension du droit électoral, par le suffrage universel, toute cette catégorie d'individus qui jusqu'alors avaient été écartés de la vie politique, vont être appelés à y prendre part, et à ce point de vue déjà, il est vrai de dire que, loin de finir, le rôle de la classe moyenne va commencer.

D'un autre côté, si l'on admet qu'elle fût véritablement représentée par ce petit nombre de grands seigneurs politiques, qui composaient notre régime électoral, il faut cependant reconnaître ceci : c'est qu'en faisant de la classe moyenne une caste de privilégiés, en lui conférant le monopole des droits électoraux, loin de la servir, loin d'assurer son triomphe, on la tuait. Rien n'use les hommes et les institutions, rien ne brise, rien ne tue comme le privilége; le privilége fausse la nature des meilleures choses, les dévie, leur enlève peu à peu toute leur force et toute leur puissance. Le droit commun au contraire laisse à chacun sa part légitime d'action, il donne l'influence à ceux qui doivent l'exercer, il établit en un mot l'ordre et la régularité.

Or, qu'était devenue la classe moyenne avec ce système de monopole et de privilége?

Elle s'était laissé gangrener à un tel point par la plaie de l'intérêt privé, de la cupidité, de l'égoïsme, qu'elle, la force vive de la nation, elle était devenue en quelque sorte l'objet du mépris des gens honnêtes, que ses plus chauds partisans, ses plus ardents défenseurs se voyaient réduits à demander pour elle, et au nom de son propre salut, une régénération large et complète.

Que ceux qui ont compris ainsi le rôle et la mission de la bourgeoisie, qui ne lui supposent pas de possibilité d'action en dehors de ces

mœurs si profondément corrompues, considè-
rent son règne comme fini, je les conçois et je
les approuve. Non! la bourgeoisie ne sera plus
puissante par le privilége et le monopole des
droits politiques des places, de la fortune ; mais
elle sera puissante par un privilége bien autre-
ment légitime et recommandable, que tout le
monde reconnaît, devant lequel tout le monde
s'incline : le privilége de l'intelligence et des
lumières !

C'est là ce qui fait la gloire et l'honneur de la
classe moyenne. Sa véritable influence, son influence normale en effet, c'est celle des hommes
intelligents et éclairés sur ceux qui le sont
moins. Or, voyez quel sort magnifique lui est
fait dans la démocratie ! là tout le monde con-
court au gouvernement, chacun est tenu de
venir apporter son tribut de pensée et de dévoûment ; mais quelle place pour l'intelligence et le
bon sens ! Car, soyez-en bien sûrs, cette masse
d'hommes qui n'est point habitué aux questions
politiques, qui ne s'y habituera jamais assez
pour les juger seule et par elle-même, mais qui
aura toujours assez de raison pratique et de dis-
cernement pour distinguer les gens aux conseils
desquels elle devra donner confiance, se laissera

bien volontiers guider par ceux dont elle connaîtra l'intelligence et l'honnêteté. Cette fois du moins la classe moyenne sera dans son rôle, car elle exercera une prérogative écrite dans la nature même des choses.

De ces rapports naîtra nécessairement la véritable union, le solide et définitif accord entre les différentes classes de la nation, c'est-à-dire que nous aurons une classe bourgeoise s'appuyant sur le peuple, se revivifiant par lui, se recrutant dans ses rangs, comprenant tous ses besoins, travaillant sans cesse à les satisfaire; et une classe populaire prêtant à la bourgeoisie son activité, son énergie, mais subissant en revanche l'influence d'une raison plus éclairée, sans toutefois que cette influence conduise jamais à une exploitation.

Ce rôle, c'est maintenant qu'il le faut jouer, cette mission, c'est immédiatement qu'il la faut remplir; à l'œuvre, point de retard; dans les circonstances au milieu desquelles nous vivons les jours sont des siècles.

C'est aujourd'hui qu'il faut donner au gouvernement son véritable caractère, lui imprimer le mouvement qui le poussera et le maintiendra dans la bonne voie.

Quand la conquête d'un droit politique est le fruit de la lutte, il est de notre nature, au lendemain du combat, d'exagérer notre triomphe, de ne pas savoir le maintenir dans les bornes de la justice et de la raison; or, le danger en ce moment serait que dans l'entraînement d'une victoire toute populaire remportée contre les défenseurs du privilége, on ne sacrifiât trop d'intérêts à la satisfaction du vainqueur, c'est donc dans ce moment aussi qu'il est besoin d'un frein, d'un modérateur, d'une réaction légitime de l'élément conservateur; en un mot, il faut que la classe bourgeoise agisse et montre qu'elle sait veiller au respect de ses intérêts ainsi qu'au maintien de ses droits.

D'ailleurs, encore une fois, c'est pour organiser qu'on demande le concours et l'influence de la classe moyenne, c'est pour consolider le gouvernement, pour fonder des institutions stables et fortes, plus ce concours se sera fait attendre, plus l'organisation deviendra difficile, plus on verra se multiplier les chances de troubles et de désordres.

Qu'est-ce qui déterminera, d'une manière définitive, la marche et la physionomie du gouvernement? Les élections, la composition de l'assemblée nationale, l'esprit de la population dans cette grande solennité politique ?

C'est donc en vue des élections que la bourgeoisie doit agir, c'est pour les élections qu'elle doit réunir toutes ses forces, concentrer toute son influence.

Pour peu qu'elle soit sage, qu'elle agisse avec ensemble et une médiocre habileté, elle sortira victorieuse de cette épreuve, qui aura servi une fois de plus encore à montrer ses ressources et sa puissance.

Quant à moi, voici comment je comprends la tactique et la stratégie dans cette circonstance.

D'abord, à pareil jour, tout le monde doit être à son poste ; point de subterfuge, point d'indifférence, point de paresse, chacun doit répondre à l'appel. J'ai entendu des hommes appartenant à cette catégorie d'individus, qui veulent le calme et la tranquillité, déclarer en présence de l'agitation et de l'effervescence qu'ont nécessairement produites les derniers événements, que pour eux la vie publique était irrévocablement terminée, qu'ils n'entendaient plus se mêler à rien qui ressemblât à une opération politique, et qu'au jour des élections ils comptaient bien rester étrangers à toutes les luttes et sourds à toutes les instances. Je dis que c'est lâche et que c'est absurde.

C'est lâche, parce qu'il ne peut pas être permis à un citoyen de préférer son repos au bien de tous, parce que dans les circonstances dificiles chacun se doit à sa patrie, parce que, en un mot, il y a la conscience du citoyen comme il y a la conscience de l'homme privé, et qu'il faut avoir le courage et la pudeur de remplir les devoirs et les obligations qu'elle impose.

C'est absurde, parce que pour des hommes qui ne demandent qu'une chose au monde, l'ordre et la paix, ils s'exposent à les voir troublés, en abandonnant la cause dont, plus que tous les autres, ils devraient se montrer les ardents défenseurs.

Arrière donc ces craintes pusillanimes, et qu'au jour de l'élection tout citoyen valide vienne déposer son bulletin.

Il y a dans de certaines circonstances certaines idées tellement supérieures à ce qui fait le désaccord des partis que tout honnête homme, quelle que soit sa couleur, doit se grouper autour d'elles pour en assurer le triomphe : ces idées sont aujourd'hui les idées d'ordre et d'organisation.

Dans les élections prochaines, il devra donc se former un parti de l'ordre. Ce parti devra réunir tous les gens qui dans les luttes précédentes se combattaient au nom d'intérêts étroits et mesquins, mais qui se concerteront alors pour le triomphe des principes sur lesquels doivent nécessairement reposer des institutions durables.

Quels choix devra faire ce parti?

Il devra nommer des républicains d'abord, des hommes sincèrement dévoués aux idées démocratiques, puisque la chose capitale est de solidement organiser la république; mais il devra nommer aussi des républicains sages, modérés, partisans avant tout de l'ordre et de la sécurité, intéressés par position à leur maintien, capables en un mot de comprendre la grandeur et la sublimité de la tâche qu'ils auront à remplir.

Ce qu'il faut, c'est écarter des élections toutes ces médiocrités clabaudeuses, dont le rôle s'est résumé depuis longtemps à battre la grosse caisse des principes démocratiques, esprits sans idées et sans valeur, natures brouillonnes qui ont salué dans l'avénement de la république l'aurore d'un bouleversement complet dont le dernier mot devait être de les substituer à des hommes éclairés et sages, et de mettre en lumière leur incapacité que la force du sens public avait jusque là maintenu dans l'ombre.

Que deviendraient les discussions d'une assemblée de 900 membres, si elle renfermait dans son sein bon nombre de ces rénovateurs bruyants, mais stériles.

Qu'on y prenne garde, ces gens-là se remueront beaucoup, crieront beaucoup, agiront beaucoup, ils espèreront triompher à l'aide de cette nouvelle partie du monde électoral non habituée à ses luttes, il est de l'honneur et de la dignité des hommes sérieusement intelligents de faire échouer toutes ces tentatives.

Jamais, en effet, la France n'aura eu besoin d'esprits plus éminents, en même temps que de cœurs plus dévoués.

C'est une constitution que l'Assemblée nationale doit nous donner, c'est une organisation complète de toutes choses, une formation de la société sur des bases nouvelles, une réforme, une révision générale de tout notre système administratif.

C'est l'ère des démocraties qu'elle doit ouvrir

pour tous les peuples ; plus de tâtonnements, il faut que du premier coup nous nous écrivions une constitution si forte, si stable, si belle qu'elle puisse à jamais servir de modèle aux nations qui, tôt ou tard, imiteront l'exemple de la France.

Eh bien ! pour accomplir dignement une pareille tâche, il ne suffit pas d'un patriotisme exalté, d'un cœur ardemment dévoué au salut de la république, il faut encore un patriotisme éclairé, un esprit supérieur, une raison habituée à l'étude des problèmes sociaux.

Les hommes qui présentent la réunion de toutes ces qualités et de toutes ces garanties, sont rares, mais ils existent, il ne faut que savoir les chercher et les découvrir. En dehors de la fougueuse agitation des partis, il restait des citoyens modestes, réfléchissant dans le calme de leur solitude aux destinées de la France, rêvant l'avénement de la liberté et de tous les grands principes que nous venons d'inscrire sur notre drapeau, songeant aux besoins de leur pays et aux légitimes moyens de les satisfaire. Voilà les hommes qu'il faut aller chercher dans leur obscurité pour les mettre en lumière et leur confier le salut de notre pays. Désormais plus d'entraves, la députation ne pourra plus être le monopole des gens riches; elle ne sera plus forcément circonscrite dans un petit nombre de privilégiés : l'indemnité accordée par l'État à ceux qui viendront lui consacrer leur temps et leurs talents, permet aux électeurs de choisir tous ceux qu'ils croient représenter les véritables idées d'un gouvernement éclairé, et d'une sage administration.

A l'œuvre donc, partisans de l'ordre et des institutions régulières, travaillez activement et sans relâche, choisissez vos hommes, agissez avec ensemble, ne vous laissez pas effrayer par les cris et les menées d'une minorité turbulente, comprenez nettement la situation et ses nécessités, et vous resterez convaincus que le salut de la France est dans l'admission de ces idées dont j'ai voulu vous démontrer la vérité :

Travailler sincèrement à l'organisation du gouvernement démocratique;

Nommer des représentants franchement républicains;

Mais ne nommer que des républicains amis de l'ordre et de la modération.

Imprimerie de E. MARC-AUREL, Rue Richer, 12.